VORSCHULE

Dorothee Raab

Erstes Zählen – erste Zahlen

ab 4 Jahre

Mit Illustrationen von Sigrid Leberer

Cornelsen
SCRIPTOR

eins

eine Maus

In welchen Eistüten ist nur 1 Kugel Eis?
Male die richtigen Tüten an.

Male die Dinge an, die nur 1-mal zu sehen sind.

zwei

zwei Stiefel

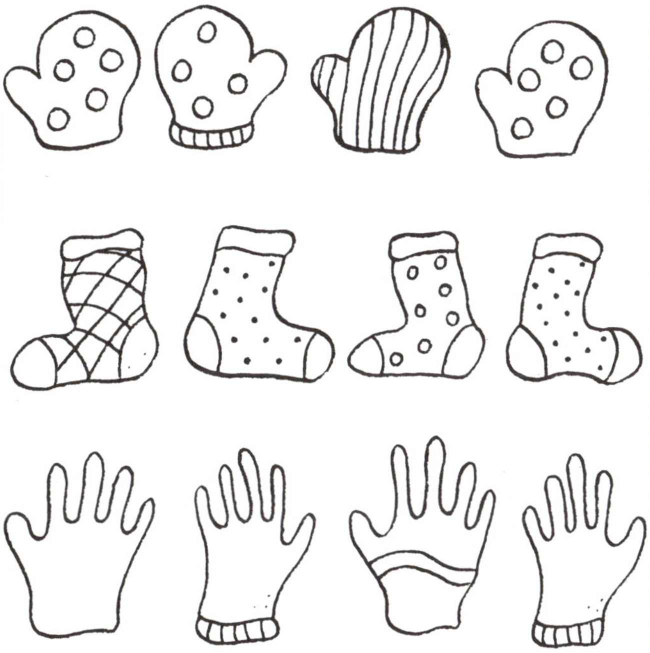

Suche in jeder Reihe 2 Sachen,
die sich gleichen.
Male sie an.

Immer 2 gehören zusammen. Verbinde sie mit einem Strich.

Male die Bilder an,
auf denen du genau
2 Dinge siehst.

drei

drei Bälle

Male die Bärchen an: 3 rot, 3 gelb, 3 grün.

Kreise unter jedem Bild die richtige Zahl ein.

1 2 3

3 1 2

3 2 1

1 3 2

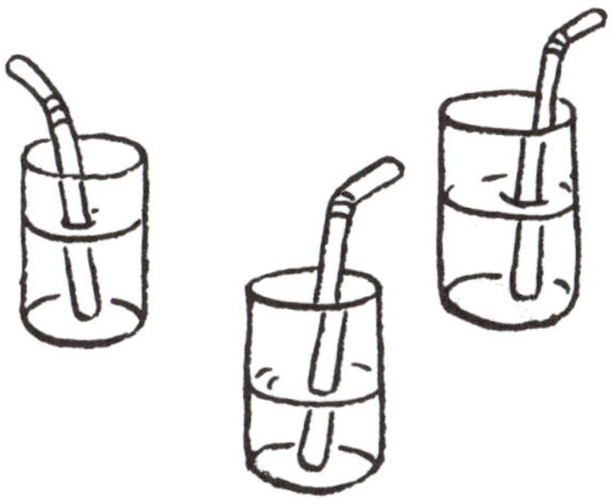

2 3 1

Wo ist die gleiche Anzahl wie auf dem Würfel?
Male das Bild an.

vier

Vier Kerzen auf dem
Adventskranz!

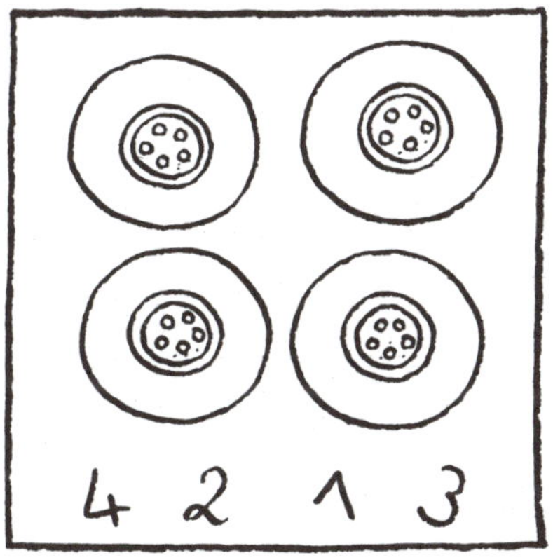

Zähle und
kreise die
richtige
Zahl ein.

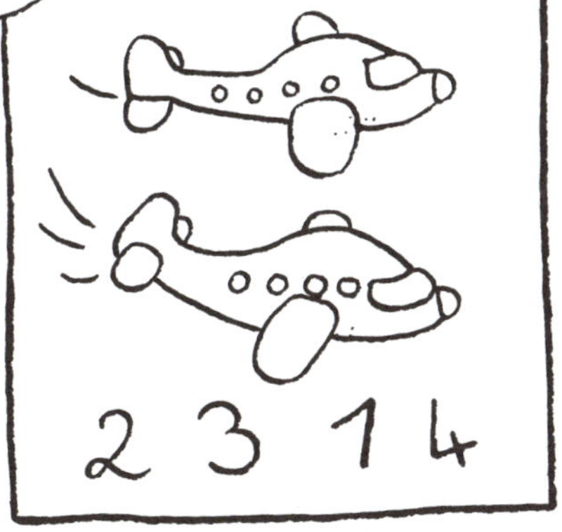

Verbinde jedes Bild mit der richtigen Zahl.

fünf

Verbinde die Punkte
von 1 bis 5.

Lege deine
linke Hand
auf diese Hand.
Wie viele
Finger hast du?

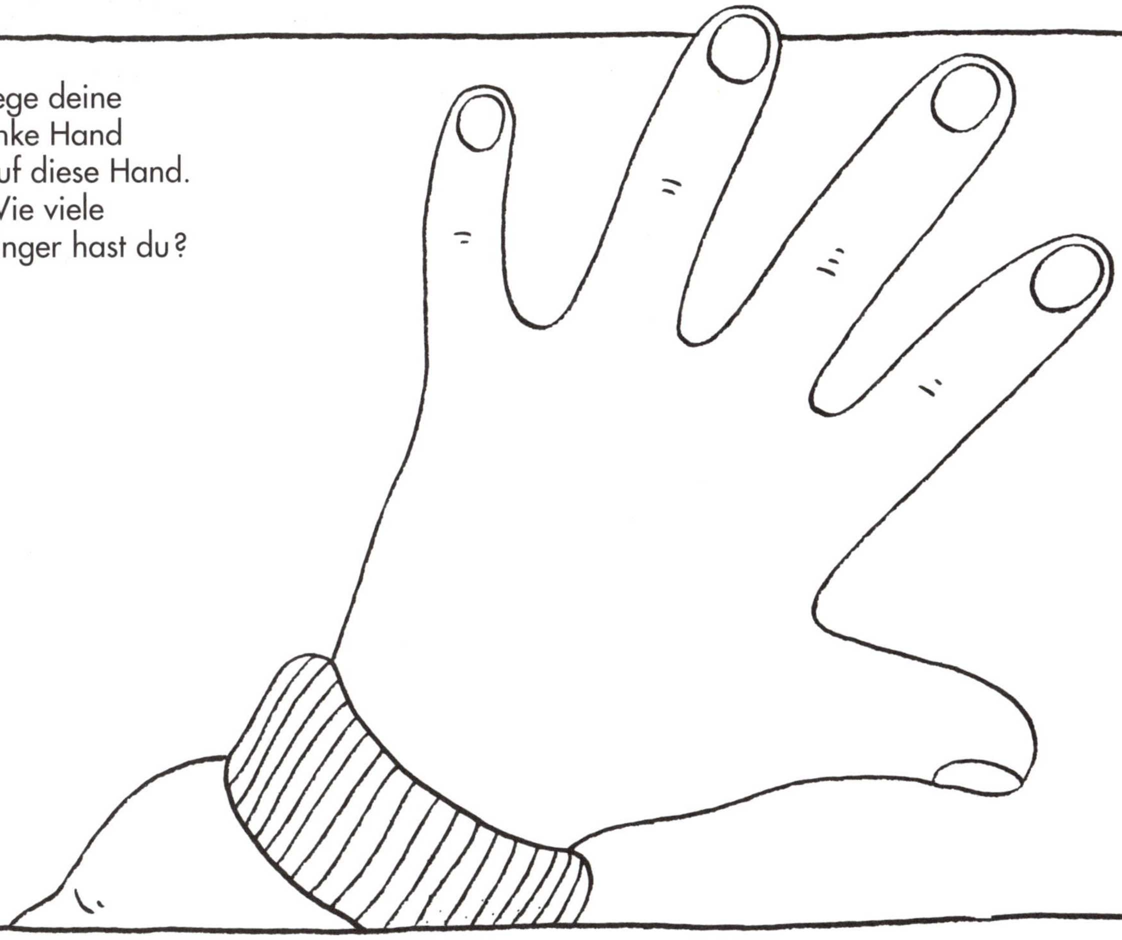

Die Marienkäfer haben beide gleich viele Punkte.
Zeichne das untere Bild fertig.

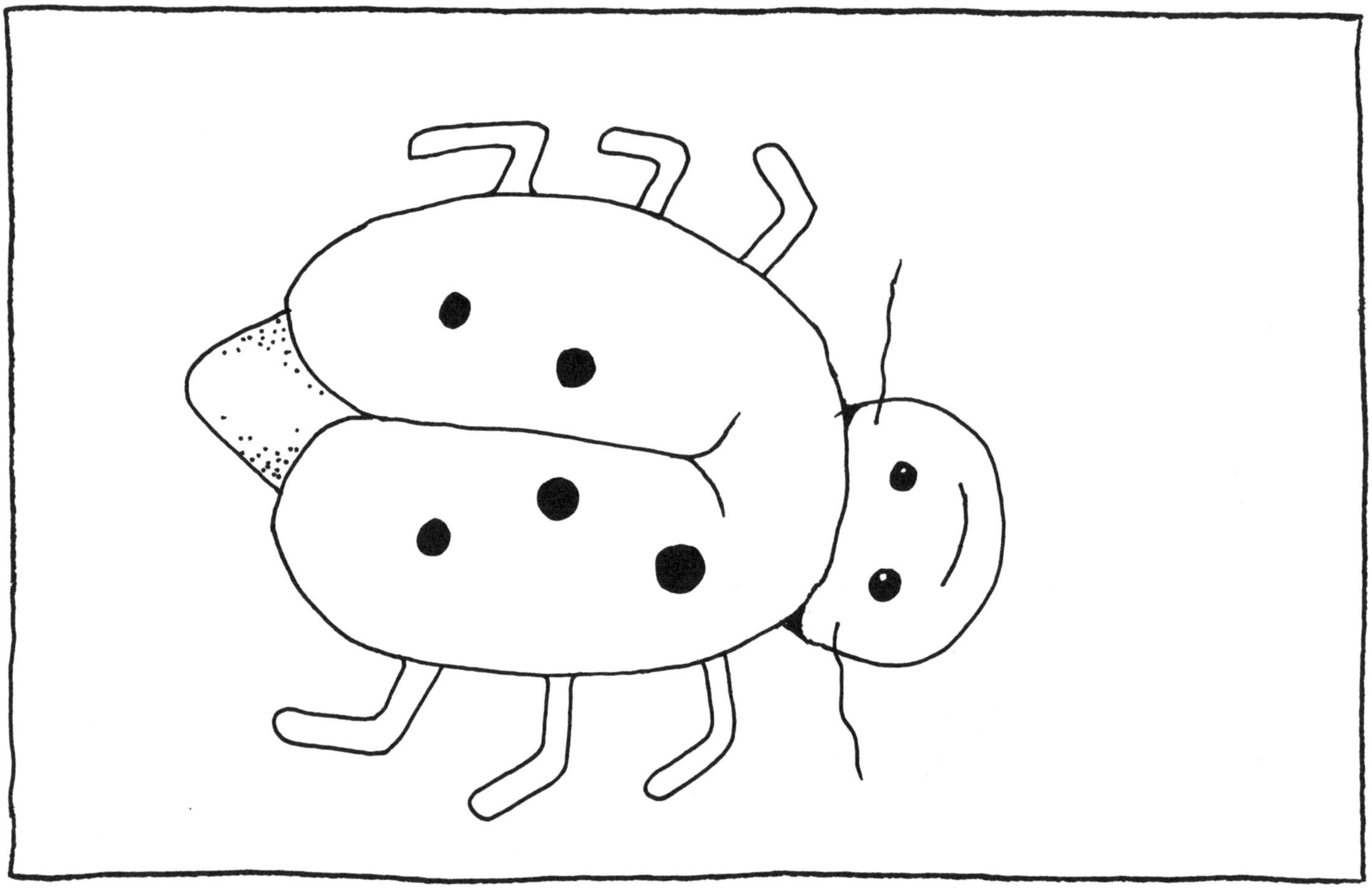

Zähle und zeichne die passende Anzahl Punkte
in die Würfel.

Von 1 bis 10

Ein Lernposter von Dorothee Raab, erschienen in der Reihe VORSCHULE.

sechs

In welchen Kartons sind
6 Eier? Kreuze an.

Der Osterhase hat 6 Eier versteckt. Male sie an.

Zähle die Tiere und verbinde
jedes Bild mit der passenden Zahl.

5

4

6

6

sieben

Die Zwerge haben neue, rote Mützen. Male sie an.

Verbinde die Punkte von 1 bis 7.

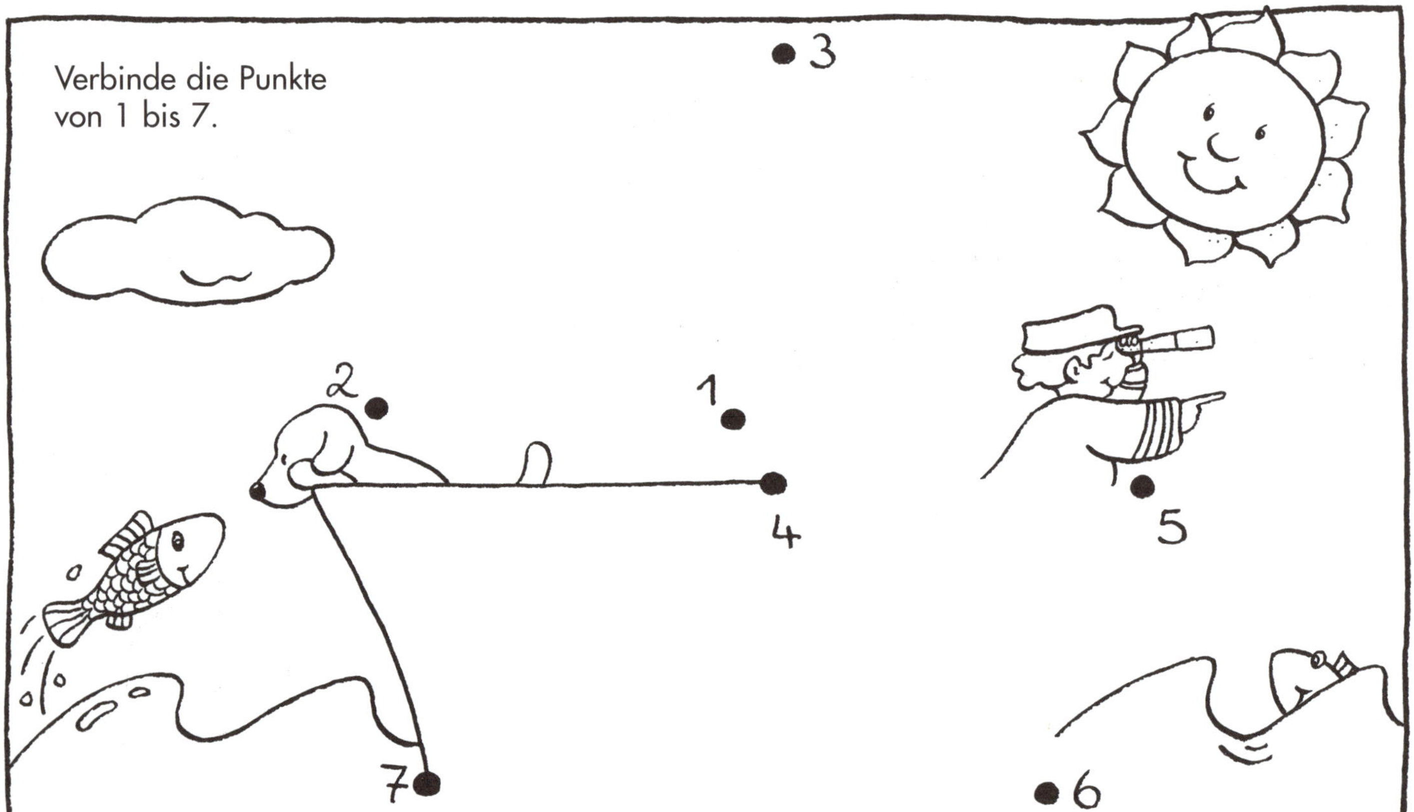

Zähle und kreise die richtige Zahl ein.

3 4 5
6 7 8

8 6 3
4 5 2

1 2 4
6 8 5

8 7 3
6 1 5

3 2 8
6 4 5

7 6 8
5 3 4

acht

Wie viele Stifte sind zu sehen?

Zähle und male Punkte.

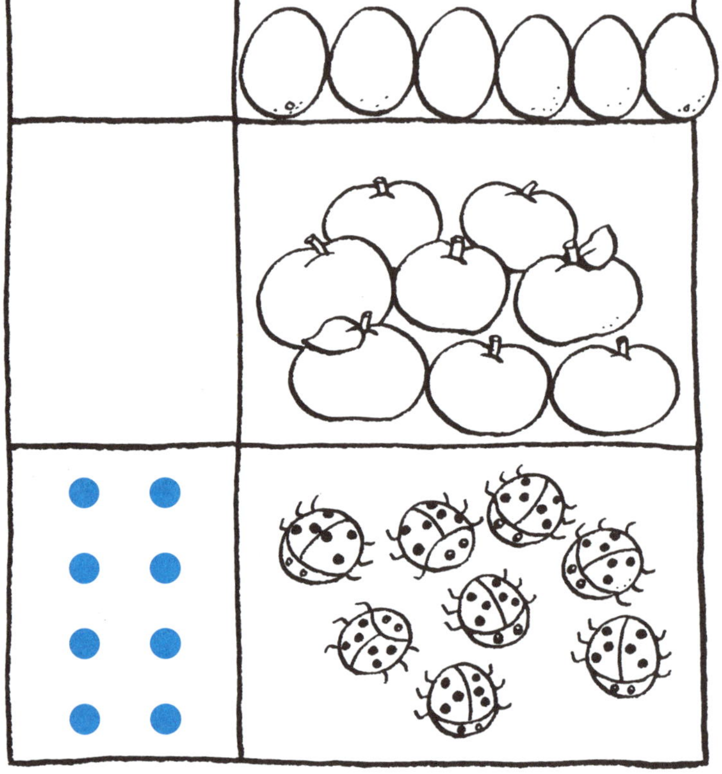

Findet jedes Kind einen Stuhl? Ziehe Linien, damit man sieht, wer wo sitzen will.

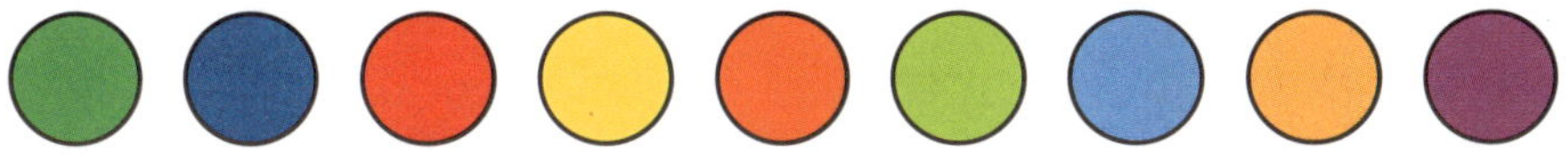

neun

Wie viele Fische schwimmen im Teich?

Kreise alle 9en ein.

9 8 7 6 9
3 5 4 9 9
2 1 3 6 9
9 4 1 5 7
8 6 9 9 7
1 3 5 9 4

Kreise unter jedem Bild die richtige Zahl ein.

5 4 9 3

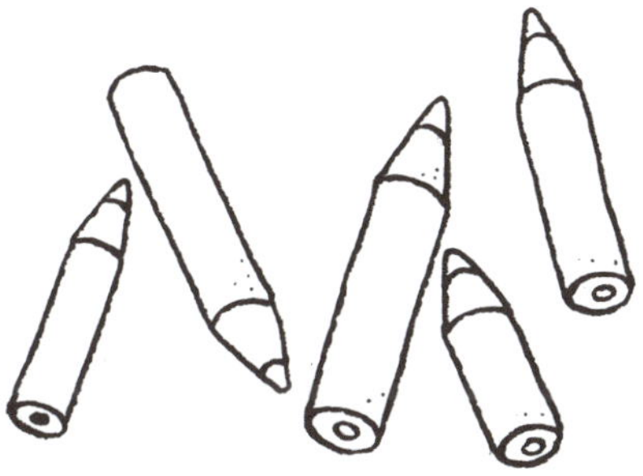

8 5 3 4

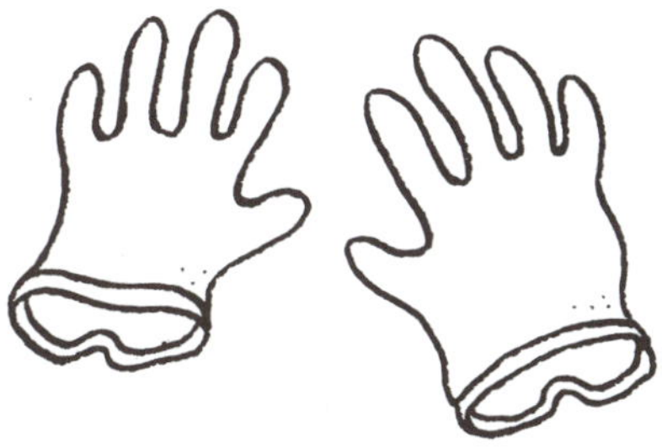

2 1 8 3

6 8 9 5

9 7 8 6

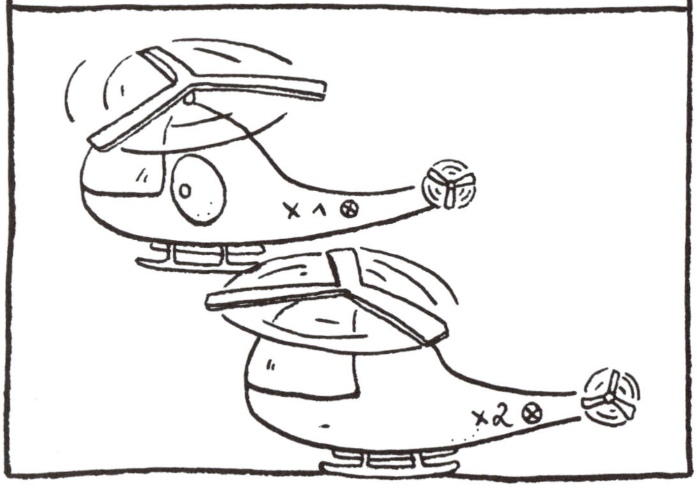

Male die Bilder an, auf denen du genau 9 Dinge siehst.

10

Wie viele Bücher hat Roland?
Zähle sie.

In welcher Kiste sind 10 Flaschen?
Male die richtige Kiste an.

Zähle die Tiere und verbinde jedes Bild mit der passenden Zahl.

8

10

7

6

10

4

5

9

Male die Kugeln in den Farben der Zahlen an.

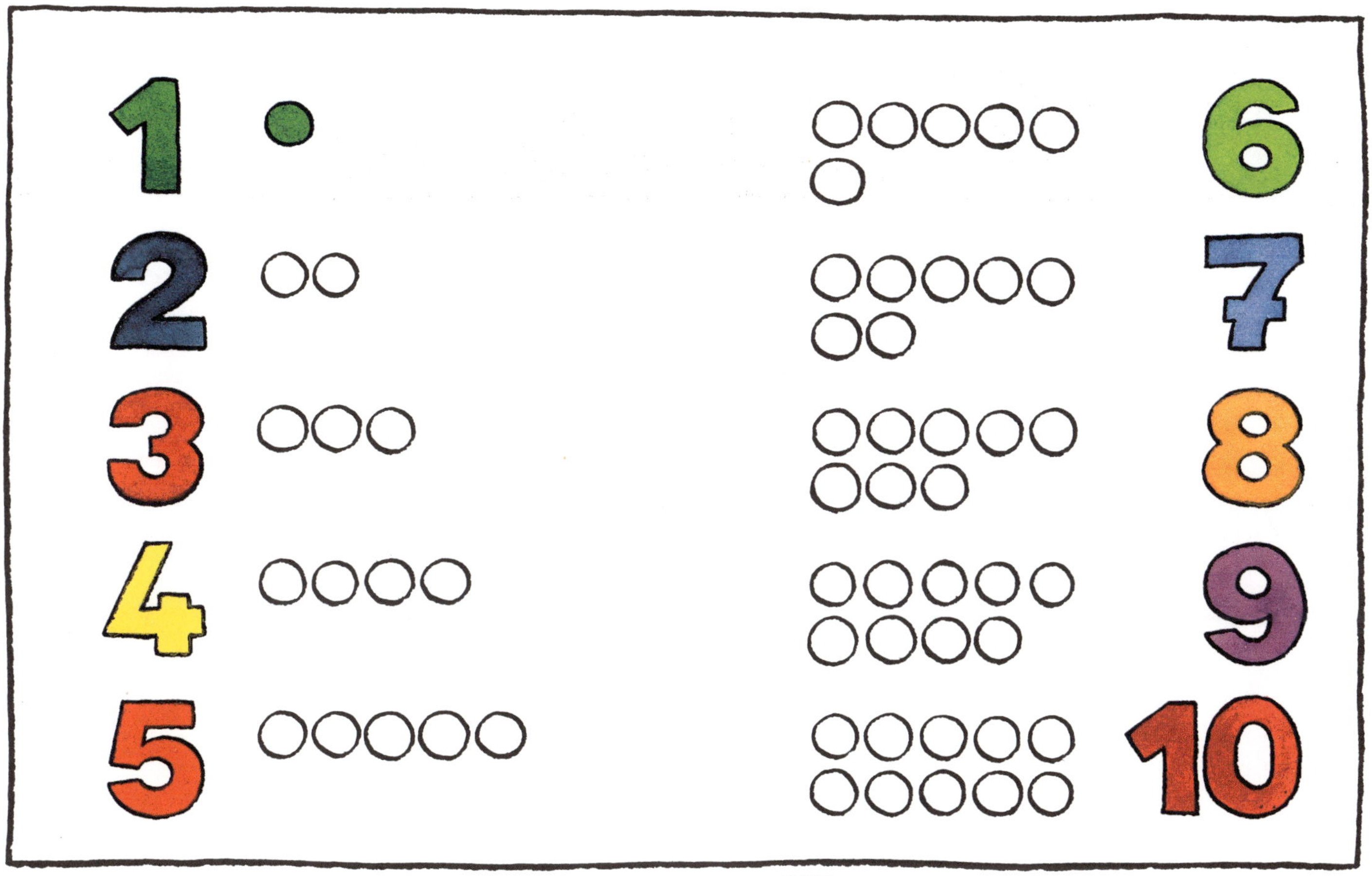

Verbinde die Punkte
von 1 bis 10.
Beginne mit der 1.

Viele Tiere leben auf dem Bauernhof.
Kannst du sie finden? Zähle sie und male sie an.